Para ganar: TRABAJAR CON EMPEÑO

Escrito por Cristie Reed

Consultor de contenido
Taylor K. Barton, LPC
Consejero escolar

rourkeeducationalmedia.com

Scan for Related Titles and Teacher Resources

www.rourkeeducationalmedia.com

PHOTO CREDITS: Cover: © Colleen Butler; page 4: © Emde; page 5: © jarenwicklund; page 6, 7: © kurhan; page 8, 9: © Library of Congress; page 10: © Beano5; page 11: © Yurilux; page 12: © Morgan Lane Studios; page 13: Mandy Godbehear; page 14: © kristian sekulic; page 15: © Ana Abejon; page 16: © Deborah Cheramie; page 17: Mauricio Jordan De Souza Coelho; page 19: © LifesizeImages; page 20: © kali9; page 21: © Spwidoff; page 22: © bzh22

Edited by Precious McKenzie

Cover and Interior Design by Tara Raymo

Translation by Dr. Arnhilda Badía

Para ganar: trabajar con empeño / Cristie Reed
(Social Skills)
ISBN 978-1-63155-117-8 (hard cover - Spanish)
ISBN 978-1-62717-369-8 (soft cover - Spanish)
ISBN 978-1-62717-571-5 (e-Book - Spanish)
ISBN 978-1-62169-909-5 (hard cover - English) (alk. paper)
ISBN 978-1-62169-804-3 (soft cover - English)
ISBN 978-1-62717-015-4 (e-Book - English)
Library of Congress Control Number: 2014941518

Rourke Educational Media
Printed in the United States of America,
North Mankato, Minnesota

rourkeeducationalmedia.com
customersevice@rourkeeducationalmedia.com • PO Box 643328 Vero Beach, Florida 32964

CONTENIDO

EL TRABAJO ES GRATIFICANTE

Suponte que oyes a alguien decir: "Hoy hay mucho trabajo que hacer. Voy a necesitar tu ayuda."

¿Cómo te sentirías? ¿Sientes temor frente a la idea de realizar un trabajo duro? ¿O ves el trabajo como una forma importante de **contribuir** a tu familia?

El trabajo es una parte importante de una vida equilibrada.

Se trabaja para ocuparnos de las cosas que apreciamos. Se trabaja para crear productos, prestar servicios a otros o para contribuir a un bien mayor.

Cuando la gente experimenta los beneficios del trabajo duro aprende que el trabajo arduo es gratificante. Trabajar duro crea un fuerte sentimiento de autoestima. Trabajar duro te da confianza y te proporciona una sensación de éxito. ¡Los que trabajan duro son ganadores!

EL TRABAJO INFANTIL: ANTES Y AHORA

En la época de los colonizadores, los niños tenían que trabajar en la casa. Los varones tenían que hacer tareas duras como la agricultura, la construcción y la limpieza de la tierra. Las niñas tenían que cocinar, limpiar, lavar la ropa y cuidar de sus hermanos.

Era duro, pero sus esfuerzos eran necesarios para la supervivencia de la familia.

Esta aspiradora ni siquiera necesita que esté alguien en casa para hacer el trabajo.

La vida familiar ha cambiado, pero las familias siguen teniendo muchas necesidades. La electrónica y los dispositivos modernos han hecho que las tareas de la casa sean más fáciles para todos. Los niños ya no tienen que trabajar para proporcionarle comida y refugio a su familia.

Haz del trabajo una experiencia divertida

Escucha música.
Conviértelo en un juego.
Trabaja con alguien.

En la actualidad los niños tienen deberes y actividades extraescolares que ocupan mucho de su tiempo. Aún así, trabajar y ayudar en la casa es importante para el **bienestar** de cada familia.

Se necesita que todos los miembros de la familia trabajen juntos para construir un hogar seguro y feliz.

Todos pueden contribuir al bienestar de su casa y su familia.

Tanto los chicos como las chicas pueden ayudar en la casa aún desde pequeños.

Haz una tabla de tareas

Lleva un registro de las tareas que hay que hacer y úsalo como lista de comprobación de las tareas que se han realizado.

Tareas dentro de la casa	Tareas fuera de la casa
tender la cama	regar las plantas
lavar los platos	recoger las hojas
vaciar el lavaplatos	limpiar las ventanas
preparar las comidas	cortar el césped
doblar la ropa	arrancar la maleza
quitar el polvo de los muebles	barrer las aceras
barrer o aspirar el piso	cuidar las mascotas
limpiar la habitación	sacar la basura y reciclar
vaciar los cubos de basura	lavar el coche

EL TRABAJO EN LA ESCUELA Y EN LA COMUNIDAD

La escuela es el primer lugar donde los niños aprenden a desarrollar la **ética de trabajo**. Es su primer trabajo. En la escuela los niños aprenden a ser trabajadores independientes. También aprenden a trabajar en colaboración con otros como parte de un equipo o de un grupo. Los adultos en la escuela, como los profesores, los consejeros y los entrenadores, están ahí para **motivarnos** a aprender.

Pero el trabajo de la escuela es cosa tuya. Tienes que hacerte responsable de tus deberes y de tu trabajo en la escuela. Ambos requieren mucha determinación, lo que no es fácil. Cuando los estudiantes trabajan duro en la escuela son recompensados con un sentido de **logro**, buenas notas y respeto por parte de sus compañeros.

Los niños y los adultos crean escuelas exitosas y comunidades prósperas. Los niños pueden trabajar para hacer contribuciones valiosas a sus escuelas y a sus comunidades como **voluntarios**. En la escuela, los alumnos mayores pueden ayudar a los más jóvenes como tutores o como amigos.

Los niños pueden prestar servicio a su comunidad formando parte de un equipo o un grupo de trabajo. Trabaja con otros para completar grandes proyectos que beneficien a todos.

HÁBITOS DE TRABAJO DE PERSONAS EXITOSAS

Ser un trabajador exitoso significa practicar unos cuantos buenos hábitos. Prueba estos hábitos para que te ayuden con el trabajo en casa, en la escuela y en la comunidad.

1. Motívate. Piensa en lo importante que es el trabajo.
2. Sé **persistente** y no te venzas. Sigue intentándolo hasta que completes la tarea.
3. Usa la determinación. Fíjate una meta y trabaja para alcanzarla.
4. Sé **ingenioso**. Busca la forma de hacer que el trabajo sea más fácil o más divertido.
5. Sé **consciente**. Intenta hacer cada tarea lo mejor que puedas.
6. Aprende a manejar el estrés. Si una tarea es difícil, recapacita y pide ayuda.

Adelanta el trabajo más difícil

Las tareas se realizan más rápido y tú tienes más tiempo para otras actividades.

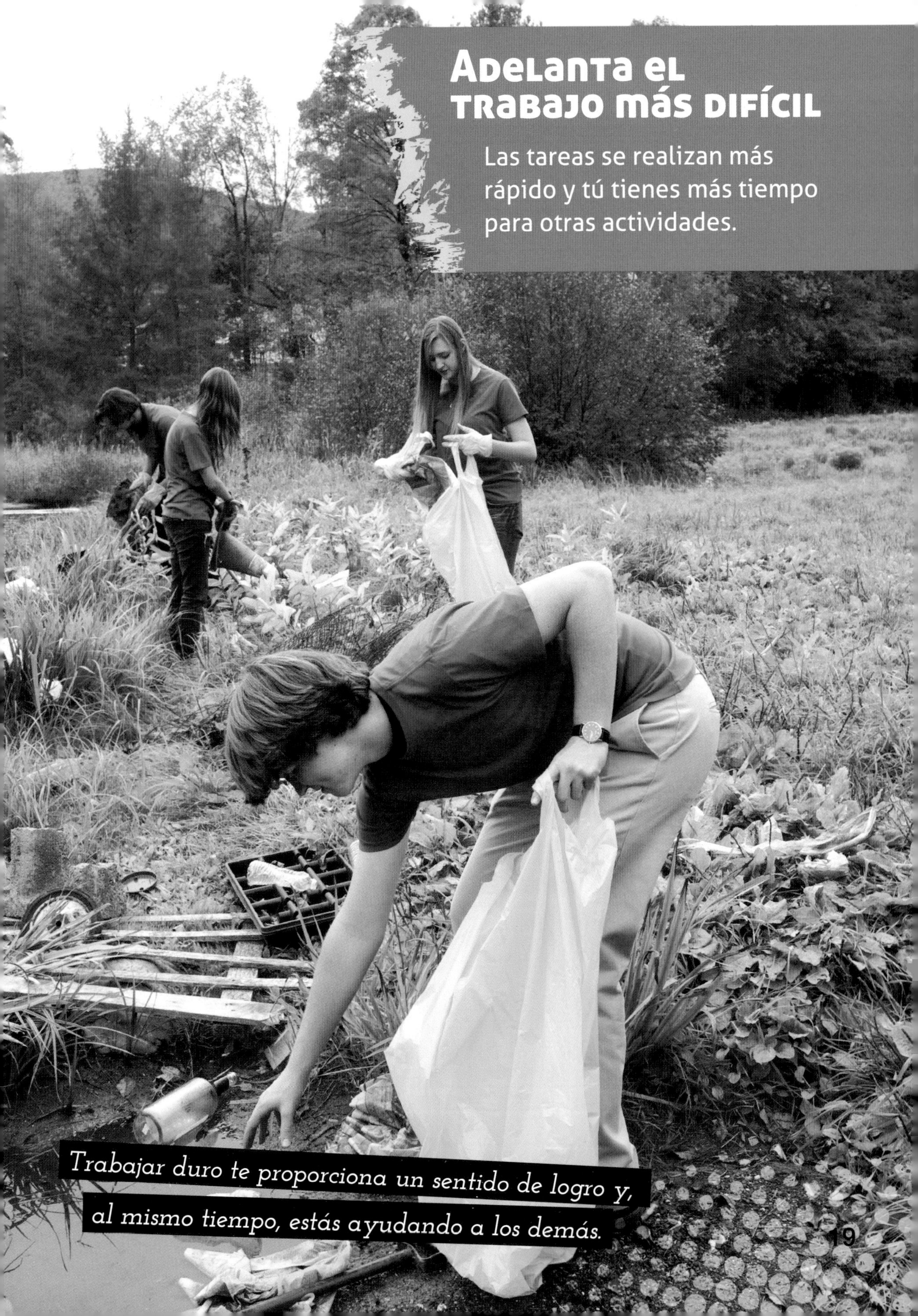

Trabajar duro te proporciona un sentido de logro y, al mismo tiempo, estás ayudando a los demás.

Trabaja con adultos para aprender a adquirir buenos hábitos de trabajo. Habla con tus padres y con tus profesores para aprender sobre sus experiencias con el trabajo. Los adultos pueden compartir sus éxitos y sus retos. Puedes seguir el ejemplo de adultos exitosos y aprender a cómo manejar responsabilidades importantes.

Los adultos pueden ayudar a los niños a desarrollar una ética de trabajo sólida.

EL VALOR DEL TRABAJO

El trabajo tiene un propósito. La gente debe trabajar para alcanzar sus metas. A medida que la gente va creciendo, aprende a cuidarse a sí mismo, de su familia, de sus amigos y de sus posesiones. Un trabajo bien hecho genera sentimientos positivos. Trabajar duro inspira a la gente que tienes alrededor para hacer lo mismo. Aprender a trabajar duro te prepara para el futuro. El trabajar arduamente es esencial para convertirte en un adulto exitoso e independiente.

bienestar: salud y felicidad

consciente: comprobar que haces las cosas bien y a conciencia

contribución: dar dinero o ayuda a una persona u organización

determinación: actuar con un propósito firme

ética de trabajo: creencia en la importancia del trabajo

ingenioso: sabe qué hacer o dónde obtener ayuda en cualquier situación

logro: algo hecho exitósamente

motivar: animar a alguien a hacer algo

persistente: continuar sin desanimarse

voluntarios: personas que hacen un trabajo sin recibir remuneración

PÁGINAS WEB PARA VISITAR

www.knowitall.org/kidswork

www.kids.usa.gov/jobs/index.shtml

www.theleaderinme.org/the-7-habits-for-kids

ACERCA DE LA AUTORA

Cristie Reed vive en la Florida con su marido y su perro Rocky. Lleva 32 años trabajando como profesora y especialista en lectura. Cuando era una niña, su madre y su padre le enseñaron a tener una ética de trabajo sólida. Ella quiere que los niños sepan que pueden alcanzar sus sueños trabajando muy duro en la escuela y en la vida diaria.